기획 **사물궁이 잡학지식**
원작 **아이들나라**
각색 **조영선**

사물궁이의 찾아라! 궁금이 카드

② 혼란에 빠진 궁이

기획의 글

살다 보면 이런저런 궁금증이 많이 생기지만, 가끔은 너무 사소해서 어디 물어보기 어려운 궁금증이 생기기도 합니다. 어렸을 때 저는 사소한 궁금증이 많았는데, 실제로 그 궁금증을 해결하려고 한 적은 없는 것 같아요. 사소한 궁금증은 잠깐만 딴생각하면 머릿속에서 금방 사라지기 때문이지요. 그래서 궁금해하다가도 잊어버리는 과정을 어른이 될 때까지 반복했습니다. 아마 많은 사람이 그럴 것이라고 생각해요.

그러다 문득 이런 사소한 궁금증을 해결하고 싶다는 생각이 들었어요. 처음 이 생각이 든 장소는 미용실이었지요. 미용사가 머리를 감겨 주는데 목에 힘을 빼라고 했고, 저는 힘을 빼면 무거울 텐데 왜 그렇게 말하는지 궁금해졌습니다. 이후 여러 미용사에게 물어봤고, 사소해 보이는 행동에도 많은 이유가 있다는 것을 깨닫게 됐어요. 그때부터 살면서 궁금했던 사소한 궁금증을 찾아서 해결하기 시작했고, 영상으로 남긴 것을 많은 사람이 좋아해 주어서 지금까지 해 오고 있답니다.

아주 오랜 기간 사소한 궁금증을 풀면서 깨달은 것이 있어요. 분명 사소할 줄 알았던 것을 파헤치다 보면 늘 이유가 있고, 그것은 절대 사소한 것이 아니라는 사실 말이에요. 세상에 사소한 궁금증은 없습니다. 이 책을 읽다 보면 알게 될 거예요. 그걸 깨달았을 때 얻는 기쁨을 여러분도 함께 느낄 수 있으면 좋겠습니다.

 사물궁이 잡학지식

원작의 글

밥을 먹다가, 길을 걷다가, 잠들기 직전에 그리고 예기치 못한 어떤 순간, 머릿속에 궁금증이 확 떠오를 때가 있지요? 어디에 물어야 할지 모르겠지만 꼭 알아내고 싶은 궁금증이 가끔 우리 머릿속을 스치곤 해요. '아이들나라'는 이런 궁금증을 보다 재미있게 해결할 방법을 고민했습니다. 유튜브 채널 '사물궁이 잡학지식'을 보며 어른들보다 궁금한 게 더 많을 어린이 친구들을 위한 사물궁이 콘텐츠를 만들어야겠다는 생각을 하게 되었지요. 그렇게 아이들나라의 오리지널 콘텐츠 '사물궁이의 찾아라! 궁금이 카드'가 탄생했습니다.

'사물궁이의 찾아라! 궁금이 카드'는 인간 세계를 정복하려는 마법 세계의 악당 '롤로지'의 계략으로 어려진 '궁이'가 일상 속 다채로운 궁금증을 풀어나가는 여정을 담고 있어요. 때로는 그럴싸하고, 때로는 엉뚱한 궁금증을 품는 궁이의 여정을 아이들나라에서 많은 친구들이 즐겨 주었는데요. 큰 사랑을 받은 '사물궁이의 찾아라! 궁금이 카드'가 새로운 매력으로 더 많은 친구들에게 다가갔으면 하는 마음을 담아 이 책을 만들게 되었답니다.

지금도 끊임없이 궁금증이 넘쳐 날 우리 친구들! 소중한 일상에서 품는 재미있는 궁금증들을 이 책을 통해 조금이나마 풀 수 있기를 바라요. 더불어 이 책을 발판 삼아 여러분만의 궁금이 카드를 만들어 보고, 궁금이 카드가 평생을 살아가는 삶의 보물이 되기를 기원합니다.

기획·원작의 글 ······· 4

오늘의 궁금증 ①
감기에 걸리면 왜 코가 막힐까? ·························· 9

오늘의 궁금증 ②
땀은 왜 짠맛이 날까? ······························· 18

오늘의 궁금증 ③
독감 예방 주사는 왜 맞을까? ························ 28

오늘의 궁금증 ④
집에 있는 달걀도 병아리로 부화할까? ············· 38

오늘의 궁금증 ⑤
비눗방울은 왜 동그란 모양일까? ·················· 48

오늘의 궁금증 ⑥
딸꾹질은 왜 날까? ································· 58

오늘의 궁금증 ⑦
과자 봉지 안쪽은 왜 모두 은색일까? ············ 68

에필로그
혼란에 빠진 궁이 ········ 78

궁금증 상담소 ············ 86

등장인물 소개

> 궁금증을 가진다면 무엇이든 알아낼 수 있어!

> 내 지식으로 너의 궁금증을 해결해 줄게.

학사모

인류 최초의 학사모. 롤로지의 어설픈 마법으로 잠들어 있던 인격이 깨어났다. 지식이 풍부하여 궁이의 궁금증에 늘 해답을 준다.

궁이

세상의 모든 것이 궁금한 8살 어린이. 롤로지의 마법으로 어려졌다. 세상에 흩어진 궁금이 카드를 모아 다시 백만 너튜버로 성장하는 것이 목표다.

> 롤로지 님은 최고이십니다, 롤롤~.

> 인간의 궁금증을 막고 이 세계를 정복할 테다!

롤로지

부하들과 함께 궁이를 방해하는 괴팍한 악당. 지식이 부족해 마법을 쓸 때마다 꼭 실수한다. 일을 제대로 하지 못해서 마법 세계의 압박을 받는다.

감기에 걸리면 왜 코가 막힐까?

"다른 건 참을 수 있는데, 코가 막혀서 너무 불편해. 냄새를 못 맡으니 음식 맛도 잘 모르겠고, 입으로만 숨 쉬니까 목도 아파."
"어쩐지 평소보다 적게 먹더라."

그때 갑자기 궁이 앞에 롤로지가 나타났어요. 하지만 감기에 걸린 궁이는 롤로지의 시비를 받아 줄 힘이 없었지요.
"그나저나 궁이, 네 녀석의 목소리가 이상하구나."
"코맹맹이 소리가 납니다, 롤롤."

궁이는 롤로지의 말에 선뜻 대답할 수 없었어요. 콧물이라도 나왔다면 콧물 때문에 막힌다고 했겠지만, 그러지 않았으니까요. 그러자 문득 궁이는 감기에 걸리면 왜 코가 막히는지 궁금해졌어요.

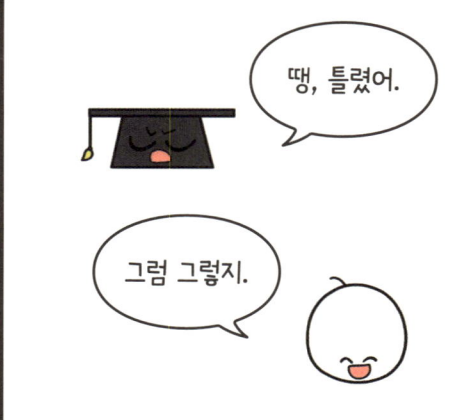

"말도 안 돼! 그게 왜 오답이냐?"
자신 있게 외친 답이 틀리자, 롤로지가 실망했어요.
"단순히 콧물 때문에 코가 막히지는 않아."
"그럼 왜 막히는 거냐!"

감기에 걸리면 왜 코가 막힐까?

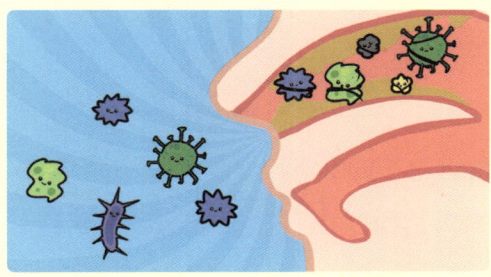

콧속에 콧물이 아주 많으면 코가 막힐 수 있어. 날씨가 추워지거나 병균이 들어오면 콧속이 자극을 받아서 콧물이 많이 생기거든.

 그런데 이때 콧물의 양만 늘어나는 게 아니야.

 늘어나는 게 또 있다고?

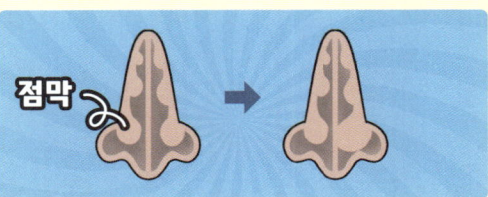

콧속에 있는 점막이 부풀어 올라. 그럼 콧속 공간이 점점 좁아지면서 막히는 느낌이 드는 거야.

그런데 점막이 부풀어서 코가 다 막혀 버리면 어떡해? 숨을 못 쉬잖아!

 그건 걱정하지 않아도 돼. 콧구멍은 두 개니까.

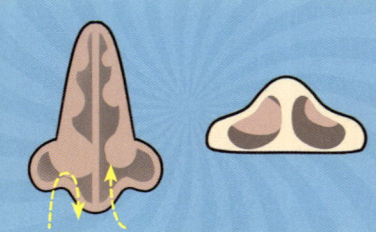 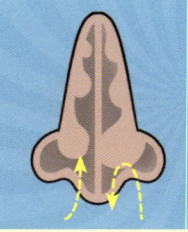 

두 개의 콧구멍이 서로 번갈아 가면서 일하거든.
이것을 한자 '코 비(鼻)' 자를 써서 '비주기'라고 해.
콧구멍이 한 쪽씩 일하는 이유는 아직 명확히 밝혀지지 않았지만,
코에 휴식할 시간을 주기 위한 것이라는 데에 대부분 동의하지.

 그리고 누우면 피가 머리 쪽으로 몰리면서 코의 점막이 더 쉽게 부풀어.

 아, 그래서 자려고 누우면 코가 더 막히는 느낌이 들었구나.

 그럼 코가 막혔을 때, 맛이 잘 안 느껴지는 이유는 뭐야?

 맛은 혀 외에 코로 냄새를 맡아야 제대로 느낄 수 있어. 그런데 코가 막혔으니까 음식 맛을 제대로 못 느끼는 거야.

?? 코가 막혔을 때 도움이 되는 것 💀💀

추운 날에는 밖에 오래 있지 않는 게 좋아.
따뜻한 수건을 코에 대고 마사지해 주거나
심할 땐 코를 세척하는 것도 좋은 방법이야.

"에취!"

찬 바람에 코가 간질간질해진 궁이가 크게 재채기하자, 궁이 바로 앞에 있던 롤로지와 부하들은 콧물 범벅이 되고 말았어요.

"으… 궁이, 너…."

며칠 후, 궁이는 밝은 표정으로 일어났어요. 이제는 코로 숨도 잘 쉬고, 목도 더 이상 아프지 않았어요.

한편 궁이의 콧물을 뒤집어쓴 롤로지와 부하들은 감기에 걸려서 괴로워하고 있었어요. 모두 코가 꽉 막혀서 코맹맹이 소리가 났답니다.

땀은 왜 짠맛이 날까?

학교에서 돌아온 궁이가 자신의 집을 몰래 기웃거리는 롤로지를 발견했어요.

"저거 롤로지 아니야? 또 무슨 짓을 하려고…."

궁이는 롤로지가 또 무슨 꿍꿍이가 있는지 의심했어요.

"놀라서 도망치는 걸 보니 또 무슨 일을 저지르려나 본데?"
"그럼 그렇지. 거기 서, 롤로지!"
롤로지를 잡기 위해 궁이는 힘껏 뛰기 시작했어요.

롤로지는 한참을 도망쳤지만, 궁이는 포기하지 않고 롤로지를 쫓았어요. 그 바람에 둘은 온몸이 땀투성이가 되었어요.

결국 지친 롤로지가 더 이상 뛰지 못하고 멈춰서 숨을 헐떡였어요. 지친 건 궁이도 마찬가지였어요.

"헉헉, 대체 무슨 일을 꾸미려던 거야?"

"엥? 이상하다. 물이 왜 짠 것 같지?"
물을 한 모금 마신 궁이가 갑자기 당황한 표정으로 물병을 이리저리 살펴봤어요. 분명히 평범한 물인데 물에서 짠맛이 났거든요.

땀에서 짠맛이 나는 걸 알게 되자 궁이는 바로 궁금증이 생겼어요.
"땀은 왜 짠맛이 날까?"
그러자 역시나 궁금이 카드가 나타났어요.

"뭐야? 하나도 안 짜잖냐?"
롤로지는 궁이의 물을 다 마셔 버리고는 물병을 휙 던졌어요.
"그걸 다 마시면 어떡해? 너, 그냥 물이 마시고 싶었던 거지!"
"그러게 왜 거짓말을 해?"

땀은 왜 짠맛이 날까?

 땀이 소금이라는 말이 아주 틀린 말은 아니야.

땀은 대부분 물로 이루어져 있지만, 여러 성분이 함께 들어 있어. 그 성분들이 모여서 짠맛을 내는 거지.

 그럼… 몸에서 소금이 나온다는 거냐!

 먼저 땀이 어떻게 만들어지는지 들어 보자.

 안녕, 나는 땀이야. 나는 피에서 생겨나.

피는 혈장, 백혈구, 적혈구, 혈소판 등으로 이루어져 있어. 그중 혈장의 일부가 밖으로 나오는 것을 땀이라고 해.

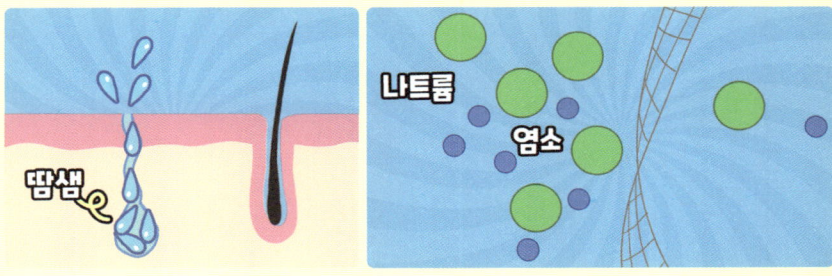

땀은 땀샘을 통해 몸 밖으로 나와.
땀 속의 나트륨이나 염소 같은 성분은 우리 몸에 꼭 필요한 영양소여서, 땀샘에서 빠져나가지 못하게 걸러 줘. 하지만 물과 함께 빠져나가기도 해.

 밖으로 나온 염소와 나트륨이 합쳐지면 '염화 나트륨', 즉 소금이 되는 거야. 그래서 땀에서도 짠맛이 나게 되지.

 아하! 땀 안에 정말 소금과 같은 성분이 있는 거구나!

"아까 네가 흘렸던 땀에서 물이 증발하고 소금만 남은 거지. 우리가 먹는 소금도 바닷물을 햇볕에 말려서 만들어."

"와! 그럼 땀에서 나온 소금을 먹을 수도 있겠네?"

옆에서 학사모와 궁이의 대화를 듣던 롤로지의 눈이 장난스럽게 반짝였어요.

"윽, 짠데 맛이 이상하다!"
궁이의 피부를 핥아 본 롤로지는 자신이 먹었던 소금의 맛과 다르다고 느꼈어요. 사실 사람의 땀 속에는 소금 성분뿐만 아니라 다른 불순물도 많아서 오줌이나 다름없기 때문이죠.

독감 예방 주사는 왜 맞을까?

오늘은 궁이가 예방 주사를 맞는 날이에요. 궁이는 주사 맞는 것이 무서워서 병원 대기실 의자에 앉아 덜덜 떨고 있었어요.

어디선가 나타난 롤로지가 겁에 질린 궁이를 놀리기 시작했어요.
"인간들이란 우습구나! 뭐가 무섭다고 벌벌 떠는 것이냐?"
"주사 맞는 건 다들 무서워한다고!"
"주사? 궁이, 너 또 감기 걸렸냐?"

"궁이 학생, 들어오세요."

궁이는 자신을 부르는 소리에 머리카락이 곤두설 정도로 놀랐어요.
지금이라도 주사를 맞지 않고 집으로 돌아가고 싶었지요.

"롤로지 말대로 난 아프지도 않은데…."

진료실에서 의사 선생님을 마주하자, 궁이는 더 긴장했어요. 게다가 아프지도 않은데 왜 주사를 맞는지 이해할 수 없었지요.
"전 감기에 안 걸렸는데, 꼭 주사를 맞아야 하나요?"
"하하. 이건 감기 때문에 맞는 주사가 아니에요."

독감 예방 주사는 왜 맞을까?

감기와 독감은 바이러스 감염으로 생기는 병이야.
하지만 두 병을 일으키는 바이러스의
종류가 달라서 증상도 많이 달라.

독감에 걸리면 열이 많이 나고, 머리와 근육 이곳저곳이 아파.
심할 경우 다른 병으로 이어질 수도 있어.

약한 바이러스가 들어 있는 예방 주사로 독감에 걸릴 위험을 낮출 수 있어요.

 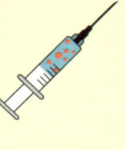 

몸에 바이러스를 주사한다고요?

예방 주사를 맞으면 어떻게 될까?

예방 주사의 효과는 우리 몸의 백혈구와 상관있어.

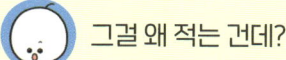
그걸 왜 적는 건데?

잘 기억해 놓았다가 다음에 또 만나면 무찌르려고!

백혈구는 몸에 들어온 세균과 바이러스에 대한 정보를 저장해 두었다가 이들이 또 나타나면 적절하게 대처해. 그래서 수두나 홍역 같은 병은 한 번 앓고 난 뒤에 다시 걸리지 않아.

그러면 예방 주사를 맞았을 때를 볼까?

백혈구는 예방 주사로 몸속에 들어온 약한 바이러스를 통해 미리 병에 대한 정보를 얻어. 그러면 실제로 병에 걸리지 않고도 병에 대비할 수 있지.

 아하! 아프기 전에 맞아야 하는 거구나.

 맞아. 나중에 더 크게 아픈 것보다는 지금 잠깐 참는 게 낫겠지?

궁이는 주사 맞는 것이 생각보다 아프지 않았어요. 괜히 겁먹었다는 생각에 웃음이 나왔지요. 롤로지는 궁이의 밝은 표정을 보고 실망했어요. 그때, 간호사 선생님이 롤로지의 이름을 불렀어요.

좋은 일이 생긴다는 궁이의 말을 곧이곧대로 믿은 롤로지가 진료실로 들어갔어요. 곧이어 롤로지의 비명이 들렸어요.
"으악, 무섭다! 무섭단 말이다!"
롤로지도 예방 주사를 맞게 된 것이었어요.

롤로지가 주사를 맞게 된 건 궁이 덕분이었어요. 아까 주사를 맞고 나오면서 간호사 선생님에게 미리 말씀드려 놓았죠.
"독감을 예방하게 되었으니 롤로지에게도 좋은 일인 건 맞잖아?"
"궁이, 이 녀석! 좋은 일이라더니!"
진료실에서는 겁에 질린 롤로지의 목소리가 한참 울려 퍼졌답니다.

집에 있는 달걀도 병아리로 부화할까?

궁이가 친구를 따라 닭장에 왔어요. 닭장에는 갓 깨어 털이 보송보송한 병아리들이 있었어요. 어미 닭은 아직 병아리가 깨지 않은 달걀을 품고 있었지요.

"그러면 집에 있는 달걀도 품으면 병아리가 나올까?"
"그러게. 우리 집에 달걀 진짜 많은데."
궁이와 친구는 집에 있는 달걀을 떠올리며 궁금증을 가졌어요. 그러자 어미 닭이 품고 있던 달걀에서 빛이 나더니 궁금이 카드가 나타났어요.

궁이와 친구는 집에 있는 달걀을 품어 보기로 했어요. 귀여운 병아리를 키우게 될 수도 있다는 생각에 두근거리며 집으로 향했지요. 한편, 이 상황을 몰래 지켜보던 롤로지는 답답하다는 표정을 지었어요.

롤로지의 부하들은 달걀을 뺏기 위해 어미 닭 주위를 빙빙 돌았어요. 하지만 그럴수록 어미 닭은 뾰족한 부리로 부하들을 쪼았고, 부하들은 상처만 생길 뿐이었어요.
"살려 주세요, 롤롤!"

집에 있는 달걀도 병아리로 부화할까?

자, 그러면 이 달걀을 아까 그 닭처럼 품으면 되겠지?

달걀을 부화시키려면 몇 가지 조건이 필요해. 온도는 37~38℃를 유지해 주고, 습도는 60% 내외를 맞춰야 해. 마지막으로 하루에 2, 3회 굴려 줄 것! 이렇게 하면 21일 후에 병아리가 나와.

좋았어! 나도 오늘부터 암탉이 되는 거야!

❓❓ 병아리가 되는 달걀이 따로 있을까? 🐣🐣

👀 두 사람이 각자 어떤 달걀을 썼는지 보여 줄래?

🥚 달걀은 다 똑같은 거 아니었어?

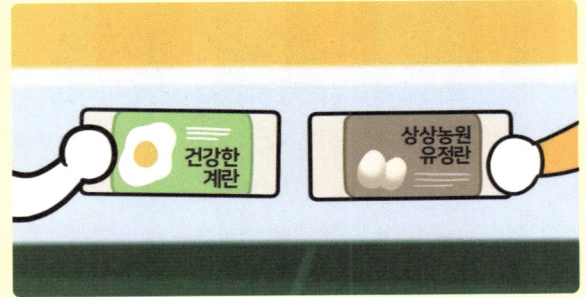

우리가 사 먹는 달걀이 다 똑같은 건 아니야.
알이 만들어진 방식에 따라 무정란과 유정란으로 구분해.
유정란에서만 병아리가 부화할 수 있지.

무정란과 유정란은 어떻게 다른데?

유정란이란 암탉과 수탉이 짝짓기를 해서 낳은 달걀이야.
짝짓기를 하지 않더라도 암탉 혼자서 알을 낳을 수 있는데,
이런 알은 '무정란'이라고 해.

유정란이 무정란보다 가격은 비싸지만,
영양적으로는 비슷해서 뭐가 더 좋다고 말할 수 없어.

궁이는 학사모가 유정란에 대해 미리 알려 주지 않아서 서운했어요. 그때 친구가 유정란 하나를 궁이에게 건넸어요.
"궁이야, 이걸로 병아리 부화 영상 좀 만들어 줘."
유정란을 얻은 궁이는 멋진 영상을 만들 생각에 금세 서운한 마음이 풀렸어요.

한편 롤로지는 부하들이 가져온 알이 부화하기를 기다리고 있었어요. 기대에 가득 찬 얼굴로 알을 지켜보던 그때, 알에 금이 가기 시작했어요.

부하들이 당황한 롤로지에게 사실을 털어놓았어요.

"암탉에게 쪼이고 도망쳐 나오다가 발견한 알입니다, 롤롤."

"롤로지 님께 혼나고 싶지 않아서 그거라도 가져온 건데… 롤롤."

롤로지의 부하들이 가져온 것은 비둘기의 알이었어요. 새끼 비둘기들은 롤로지를 엄마로 생각했는지 롤로지만 졸졸 쫓아다녔어요.

비눗방울은 왜 동그란 모양일까?

"어? 왜 다들 저기에 모여 있지?"

궁이는 놀이터 한쪽에 모여 있는 아이들을 발견했어요. 가까이 가 보니 멋진 마술사 옷을 입은 아저씨가 비눗방울을 만들고 있었어요.

"하하하, 다들 조금만 기다리세요."
비눗방울 때문에 신난 아이들을 보고 아저씨가 허허 웃었어요.

"동그란 비눗방울만 만들 수 있단다."

"네?"

"왜요?"

궁이와 아이들은 왜 동그란 비눗방울만 만들 수 있는지 궁금했어요. 그러자 궁금이 카드가 나타났어요.

"짜잔!"

"이 멋진 카드는 뭐지?"

"궁금이 카드예요!"

모두들 궁금이 카드에 관심을 가지자 궁이가 함께 궁금증을 해결할 친구들을 불러 모았어요.
"궁금증을 해결하면 궁금이 카드를 얻을 수 있어. 도와줄 사람?"

마술사 아저씨가 별 모양 틀에 비눗물을 묻혀 불었어요. 하지만 비눗방울은 동그랗게만 나왔어요. 하트와 삼각형 모양 틀을 사용해 봐도 비눗방울의 모양은 계속 둥글었지요.
"대체 왜 비눗방울은 동그랗게만 나올까?"

왜 비눗방울은 동그란 모양일까?

- 바로 표면 장력!
- 비눗방울이 늘 동그란 게 '표면 장력' 때문이라는 거야?
- 쉽게 말하면 표면에 생기는 '장력', 즉 당기거나 당겨지는 힘 때문이지.

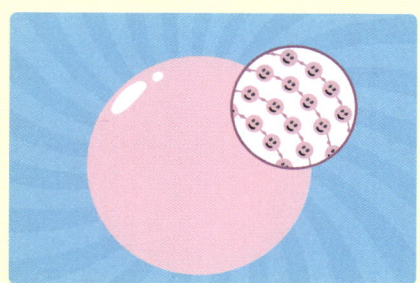 

물과 같은 액체의 분자들은 서로 당기는 힘을 가지고 있어. 이것을 '표면 장력'이라고 해. 서로 당기는 힘이 모이면 동그란 모양이 만들어져. 풀잎에 맺힌 이슬이 구슬처럼 보이는 것도 표면 장력 때문에 생기는 현상이야.

컵에 물을 따를 때도 표면 장력의 영향을 볼 수 있어.
물을 넘치기 직전까지 따르고 물의 표면을 잘 보면
둥근 언덕처럼 보이는데, 이것도 표면 장력 때문이야.

 비눗방울은 비눗물로 만들지? 비눗물도 액체이기 때문에 표면 장력이 작용한단다.

아하! 그래서 어떤 틀을 써도 결국 동그란 모양만 만들어지는군요.

궁이와 아이들은 이제 비눗방울이 왜 항상 둥글기만 한지 알게 되었어요. 마술사 아저씨는 아쉬워하는 아이들을 위해 커다란 비눗방울 틀을 꺼내 들었어요.
"다양한 모양으로 만드는 건 안 되지만, 크기가 큰 비눗방울은 만들 수 있답니다."

아이들은 마술사 아저씨에게 선물 받은 틀로 비눗방울 놀이를 했어요. 마술사 아저씨가 가르쳐 주신 대로 따뜻한 비눗물로 큰 비눗방울도 만들 수 있었어요.

"하하! 겨우 그 정도 비눗방울 보고 크다고? 우습구나!"
어디선가 갑자기 나타난 롤로지가 궁이를 비웃었어요.

롤로지는 마법으로 터지지 않는 비눗방울을 만드는 데 성공했어요. 하지만 곧 당황하고 말았어요. 자신이 만든 비눗방울에 부하들이 갇혀 버렸거든요.

쉬는 시간, 궁이는 친구들과 재미있게 이야기를 나누고 있었어요.

그래서 롤로지 부하들이 비눗방울에 갇혀 버렸지.

하하하. 재밌었겠다.

휘잉~

창문이 열려 있어서 그런가? 좀 추운 것 같지 않아?

한번 딸꾹질을 시작한 친구가 쉬지 않고 딸꾹질했어요.
"갑자기, 딸꾹! 왜, 딸꾹! 이러지? 딸꾹!"
궁이는 멈추지 않는 딸꾹질 때문에 괴로워하는
친구가 걱정되었어요.
"어떡해야 하지?"

"어때? 깜짝 놀라면 딸꾹질이 멈춘대!"
"놀라긴 했는데, 정말 멈출… 딸꾹!"
궁이의 노력에도 친구의 딸꾹질은 여전히 멈추지 않았어요. 온갖 방법들을 다 써 보았지만 소용이 없었지요.

갑자기 나타난 롤로지는 딸꾹질 소리가 신경 쓰였어요.
"네 친구는 왜 그런 이상한 소리를 내는 거냐?"
"저건 딸꾹질이잖아! 내 친구가 일부러 그러는 게 아니거든?"
"딸꾹질?"
롤로지는 어리둥절한 표정을 지었어요. 딸꾹질을 한 번도 해 본 적이 없거든요.

궁이가 궁금증을 품자 궁금이 카드가 나타났어요.
"궁금이 카드는 봐도 봐도 신기해!"
"이번에도 궁금증을 풀어서 카드를 얻을 거야!"
궁이는 자신감이 넘쳤어요. 롤로지도 포기할 생각은 없었지요.

"휴, 그만들 해. 조용히 넘어가는 법이 없네."
딸꾹질로 다툼이 생기자 학사모가 한숨을 쉬며 말했어요.

딸꾹질은 왜 날까?

 사실 딸꾹질이 나는 정확한 이유는 아직 밝혀지지 않았어.

 그러면 내 말이 맞을 수도 있는 거 아니냐!

 그 대신 유력한 이유는 있지. 먼저 우리 몸의 구조를 살펴보자.

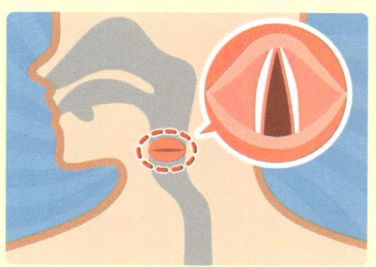

우리가 말을 하거나 숨을 쉴 때, 목구멍에 있는 '성대'가 열리고 닫혀. 말을 할 때는 성대가 떨려서 소리를 내는 거야.

폐는 우리가 숨을 쉴 때 공기를 담았다가 뱉어 내는 주머니라고 생각하면 돼. 그리고 그 아래에 '횡격막'이 있어. 근육으로 이루어진 막이야.

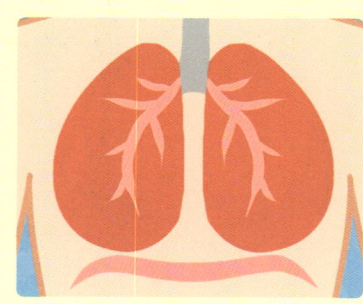

자, 이제 숨을 쉴 때 횡격막의 움직임을 잘 봐.

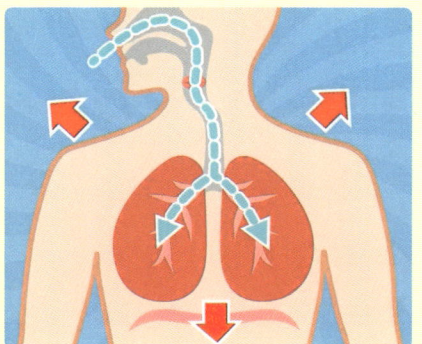 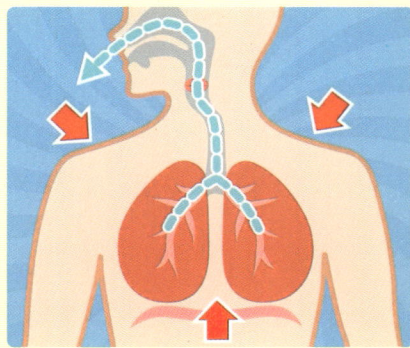

숨을 들이쉬면 폐가 부풀면서 횡격막이 내려가.
반대로 숨을 내쉬면 폐가 줄어들면서 횡격막이 올라가지.

 우리가 숨을 쉴 때 횡격막이 계속해서 위아래로 움직이는구나!

 그런데 갑자기 추워지면 횡격막이 오그라들어.

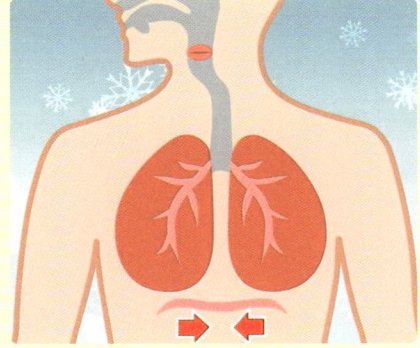 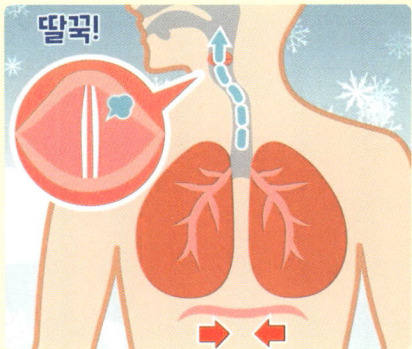

횡격막이 오그라들면 성대가 닫히는데,
닫힌 틈으로 억지로 공기가 나가려고 하다 보니 소리가 나는 거야.
이게 바로 딸꾹질이지.

딸꾹질은 물이나 음식을 급하게 먹을 때 날 수 있고, 가끔 근육이나 신경에 이상이 생겨 날 수도 있다고 해.

⁇ 딸꾹질을 멈추려면 어떻게 해야 할까?

딸꾹질이 날 때는 설탕물을 마셔 봐. 단맛이 횡격막을 자극해서 딸꾹질이 멎을 수도 있거든. 숨을 20초 정도 참고 침을 삼켜 보거나, 허리를 숙인 채 따뜻한 물을 마시는 것도 도움이 돼.

아까 추워서 딸꾹질이 난 거 같은데?

그러게. 설탕물을 마셔 볼까 봐.

쏘옥~

"우리가 따뜻하게 안아 주는 것도 도움이 되지 않을까?"
"맞아. 몸을 따뜻하게 해 주는 게 도움이 될 거야."
친구들은 서로를 꼭 안아 줬고 친구의 딸꾹질은 어느샌가 멈췄어요.

집으로 돌아간 롤로지는 마법 세계 지도자들의 꾸지람을 들었어요.
"궁이 채널의 구독자 수가 더 늘어난 것을 알고 있느냐!"
롤로지는 가슴이 철렁 내려앉는 것 같았어요. 그리고 난생처음 딸꾹질을 하게 되었답니다.

과자 봉지 안쪽은 왜 모두 은색일까?

오늘은 궁이와 친구들이 과자 공장을 견학하는 날이에요. 위생복을 입고 공장에 들어서자 사장님이 아이들을 반겨 주었어요.
"과자 공장에 온 것을 환영합니다. 바삭! 바삭!"
사장님의 재미있는 말투에 아이들 사이에서 웃음꽃이 피었어요.

바삭바삭!

견학하는 날만 기다렸어!

바삭! 바삭! 재밌다!

"자, 본격적으로 공장을 둘러볼까요?"
아이들은 기대에 찬 표정으로 사장님을 따라갔어요. 그때 아이들의 모습을 숨어서 몰래 지켜보는 자가 있었어요. 바로 롤로지와 부하들이었지요.

롤로지는 과자 맛의 비밀을 알아내기 위해 공장에 숨어든 것이었어요. 한편 아이들은 과자가 만들어지는 과정을 지켜봤어요.

"자, 그러면 이제 과자를 한번 먹어 볼까요?"
"우아! 맛있겠다!"
눈앞에 다양한 과자가 펼쳐지자 아이들이 두 팔을 벌려 환호했어요.

"내가 좋아하는 초콜릿 과자!"
"난 감자 과자!"
"난 막대 과자가 좋아!"
아이들은 각자 좋아하는 과자를 집었어요.

"그거 좋은 생각이야!"

"그러지 말고 우리 뜯어 놓고 다 같이 먹을까?"

"어? 그런데 과자 봉지 안쪽이 전부 은색이네?"

"그러게. 왜 다 은색으로 만들었을까?"

궁이와 친구들이 궁금해하자 과자 봉지가 빛나며 궁금이 카드가 나타났어요. 평소에 좋아하던 과자에 대한 궁금증이라 아이들의 눈이 반짝였어요.

짜잔!

Level 2 — 과자 봉지 안쪽은 왜 모두 은색일까?

"이거 나도 궁금했는데!"

"나도 궁금했어!"

"게다가 과자 봉지는 왜 종이가 아닐까?"

"당연히 바삭한 거죠!"

"여러분은 과자가 바삭한 게 좋은가요, 눅눅한 게 좋은가요?"

"저도 바삭한 거요!"

과자 봉지 안쪽은 왜 모두 은색일까?

 →

과자가 계속 바삭바삭하려면 외부 환경과 접촉을 막아야 해요.
공기 중의 수증기와 닿으면 과자가 눅눅해지거든요.

그래서 남은 과자는 지퍼백에 보관하라고 하는 거군요.

맞아요. 하지만 그것도 시간이 지나면 눅눅해지죠.

 그래서 과자 봉지는 여러 포장재를 겹겹이 쌓아 만들어.

 뭐? 과자 봉지가 한 겹이 아니라고?

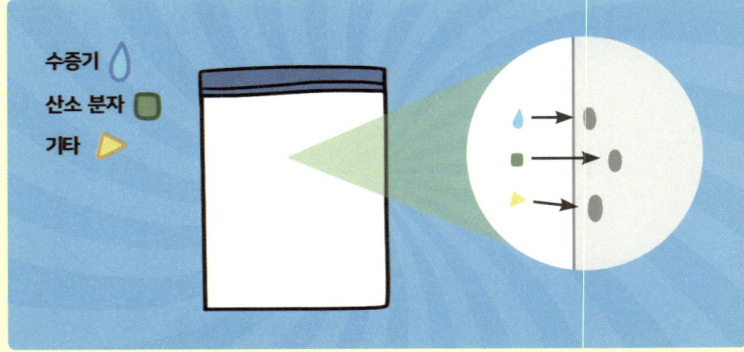

보통의 비닐 포장지를 확대해 보면 우리 눈에 보이지 않을 정도로 아주 작은 구멍이 있어. 그런데 공기 중의 산소나 수증기 분자는 이보다 더 작거든.

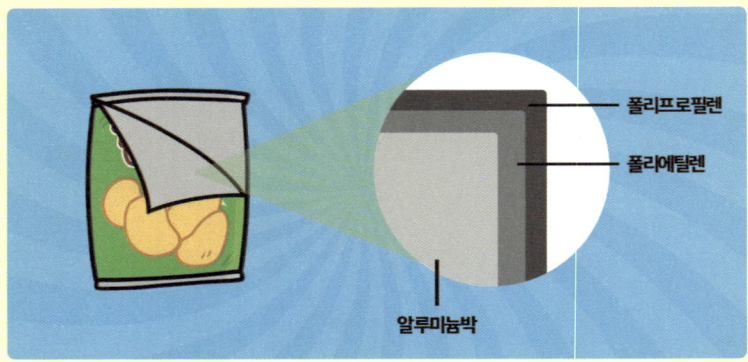

그래서 산소나 수증기가 과자 봉지 안으로 들어오지 못하게 여러 소재를 겹쳐서 과자 포장지를 만들어.

 이때 알루미늄의 색깔이 우리가 흔히 말하는 은색이지.

 그래서 봉지 안쪽이 은색으로 보이는 거구나!

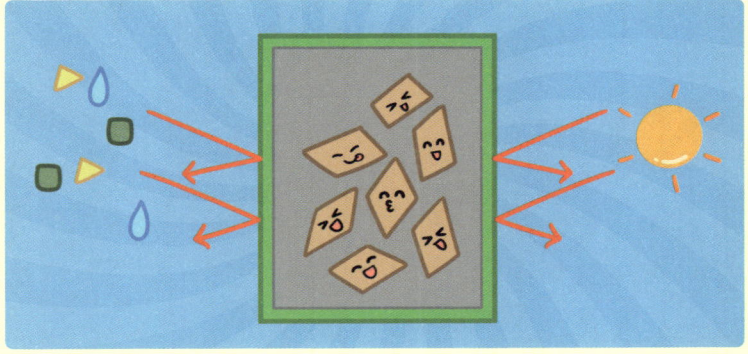

과자가 산소나 햇빛에 닿으면 상태가 변할 수 있는데, 알루미늄 포장지는 수증기나 산소가 들어오는 것을 막고 햇빛까지 차단해.

알루미늄 포장지는 과자 봉지뿐만 아니라 라면이나 커피, 김밥 포장에도 쓰여.

 어때요? 알루미늄 포장지가 사용되는 제품들이 정말 많죠?

 라면에 김밥까지! 맛있는 음식에는 다 쓰이네요. 멋지다!

"잠깐, 그러면 우리가 먹을 과자가 산소 때문에 다 변하겠는데?"
"그럼 과자가 눅눅해지기 전에 다 먹어 버리자!"
아이들이 방금 배운 지식을 핑계로 과자를 몽땅 먹어 버리겠다고 외쳤어요. 그러자 사장님은 가르친 보람이 있다며 크게 웃었어요.

롤로지가 버튼을 잘못 누르는 바람에 공장 안은 흩어진 과자들로 난장판이 되었어요. 과자를 맘껏 먹고 싶었던 롤로지는 하루 종일 청소하며 과자 냄새만 맡았답니다.

 혼란에 빠진 궁이

요즘 궁이는 고민이 많아졌어요. 궁이가 만든 너튜브 채널의 구독자 수가 늘지 않았기 때문이에요.

궁이는 지나가는 아이들의 말에 깜짝 놀랐어요.
"저 '롤로지 TV'가 내가 아는 '롤로지 TV'는 아니겠지?"
"설마 아니겠지."
불안한 마음에 집으로 향하는 궁이의 발걸음이 빨라졌어요.

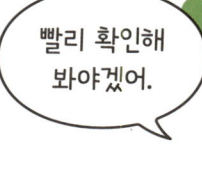

집에 돌아와 롤로지의 채널에 접속한 궁이는 깜짝 놀랐어요. 구독자 수가 제법 늘어난 데다가 댓글도 많았기 때문이에요.

궁이는 깜짝 놀랐어요. 롤로지 채널의 궁금증은 궁이 채널과 같았지만, 내용이 완전히 달랐기 때문이에요.
"안 돼! 귀지는 귓속을 보호해 주는 역할도 한다고!"
"엉터리 내용을 담고 있군."

궁이는 롤로지의 영상을 보며 구독자들이 잘못된 정보로 피해를 볼까 봐 걱정되었어요.

"대체 왜 이런 엉터리 영상을 재미있다고 하는 거지?"
궁이는 롤로지의 영상을 좋아하는 구독자들도 이해할 수 없었어요.
"사람들은 잘못된 정보라고 해도 재미가 더 중요한 걸까?"
궁이의 마음은 혼란스러웠어요.

한편

으하하! 그새 구독자가 또 늘었군.

저희가 귀엽답니다, 롤롤.

"진작 이렇게 영상을 만들걸. 사람들은 무조건 재미가 먼저다!"
롤로지는 궁금이 카드 없이도 궁이를 이겼다는 생각에 신이 났어요.
"궁금이 카드는 아무 쓸모 없습니다, 롤롤!"

재미만 찾는 사람들이 늘면 궁이도 힘을 못 쓰겠지.

롤로지는 유익한 지식을 전달하는 것에는 관심이 없었어요. 계속해서 재미만 찾는 영상들을 만들어 올렸지요. 그런데도 롤로지 TV의 구독자 수는 쭉쭉 늘어났어요.

"궁이야, 요새 왜 영상 안 만들어?"

학사모의 물음에도 궁이는 침대에 누워 아무 대답이 없었어요.

"너, 롤로지 TV 때문에 그러는 거야?"

학사모가 재차 물어보자 궁이는 한숨을 쉬며 말했어요.

"궁금이 카드를 모으려고 그렇게 노력했는데…. 사람들은 궁금증을 해결하는 것에는 관심이 없나 봐."

그저 마음이 답답했던 궁이는 이불을 뒤집어쓰고 돌아누웠어요. 그 모습에 학사모는 궁이가 걱정되었어요. 하지만 곧 다시 힘을 낼 거란 믿음이 있었지요.

생일에는 왜 미역국을 먹을까?

미역국으로 생일을 기념하는 데는 다 이유가 있어.

미역에는 비타민 등 영양소가 아주 풍부하게 들어 있어.

엄마가 아기를 낳으면 몸이 약해지는데, 이때 미역국을 먹고 몸을 회복해.

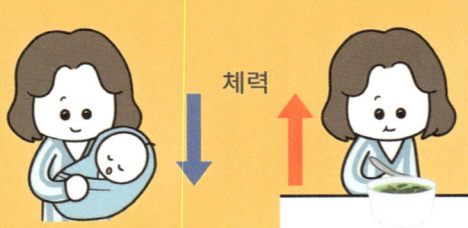

미역은 피를 맑게 해 주고, 풍부한 섬유질 덕분에 소화도 잘돼. 체력을 빠르게 회복시키지.

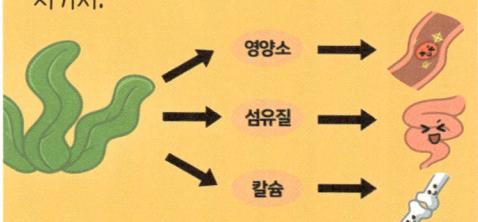

엄마가 아기를 낳고 체력을 회복하기 위해 먹었던 미역국으로 생일을 기념하는 거야.

하늘은 파란데 왜 우주는 깜깜할까?

우주 사진은 항상 밤이네?

당연하지. 우주는 늘 깜깜하니까.

그럼 하늘처럼 파랗게 보일 때가 없다고?

우주는 너무나 넓어서 별빛으로는 환하게 밝힐 수 없거든.

지구의 낮이 밝은 이유는 커다란 태양이 지구를 밝게 비추기 때문이야.

하지만 우주는 엄청 넓어서 별빛만으로는 밝아지지 않아. 작은 촛불 하나가 방 안을 전부 밝히지 못하는 것처럼 말이야.

우주에서 빛을 내는 별은 무수히 많지만, 별과 별 사이는 엄청나게 멀어. 빛으로 밝히기 어렵지.

우주는 지금도 빠른 속도로 팽창하며 넓어지고 있어. 그래서 우주는 항상 어두워.

관측 가능한 우주의 크기
930억 광년

점은 왜 생기는 걸까?

 점은 피부 속 멜라닌 색소 때문에 생겨.

점은 우리 몸 곳곳에 다양한 크기로 나타나. 대부분 갈색이나 검은색이지.

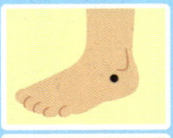 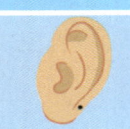
 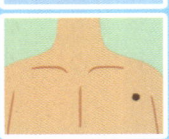

점은 유전적으로 생기는 경우가 있어. 부모님에게 있는 점과 같은 위치에 점이 생길 가능성이 높지.

또, 강한 자외선으로부터 피부를 지키기 위해 분비되는 멜라닌 세포가 뭉쳐서 점이 생기기도 해.

 표피
 진피
 기저층

간혹 붉은색으로 나타나는 경우가 있는데, 혈관이 터져서 생기는 것이고 점은 아니야.

 자외선
 혈관 터짐

배가 고프면 왜 꼬르륵 소리가 날까?

 배에서 소리가 나는 건 배 속의 공기와 가스 때문이야.

우리가 음식을 먹으면 서로 연결된 위와 장이 꿈틀꿈틀 움직여. 이걸 '연동 운동'이라고 해.

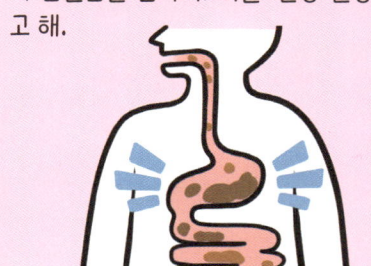

그런데 음식이 전부 소화되고 나면, 소화 기관에 공기가 들어와.

음식 대신 공기가 들어오면, 연동 운동으로 공기가 움직이며 소리가 나지.

보통 6시간 정도면 음식이 전부 소화되기 때문에, 배가 고파지면서 꼬르륵 소리가 나는 거야.

무서울 때 왜 오줌이 마려울까?

오줌이 마려운 건 우리 몸의 '자율 신경계' 때문이야.

자율 신경계는 심장 박동, 음식의 소화, 오줌이나 똥을 누는 등의 신체 활동을 조절해.

방광에 오줌이 차면 뇌에 신호를 보내서 우리를 화장실로 가도록 만들지.

그런데 우리가 갑자기 놀라거나 긴장하면 자율 신경계가 혼란에 빠져서 오줌이 찼다고 착각하게 돼.

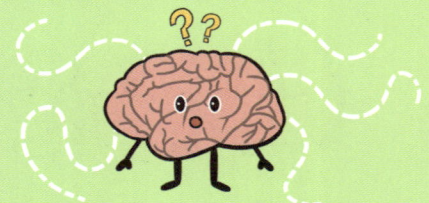

그리고 긴장하면 피가 도는 속도가 빨라져서 실제로도 오줌이 더 빨리 만들어지지.

정상　　　　긴장할 때

돌다가 멈추면 왜 어지러울까?

귓속에 있는 반고리관 때문에 어지러운 거야.

반고리관은 림프액이라는 액체로 가득 차 있는데, 몸이 균형을 잡는 데 도움을 줘.

림프액이 우리 몸의 움직임을 따라 함께 움직이며 뇌에 신호를 전달해.

그런데 우리가 돌다가 갑자기 멈추면 몸은 멈춰도 림프액은 한동안 계속 움직여.

림프액이 멈출 때까지 뇌는 우리가 계속 돌고 있다고 착각해서 어지러움을 느끼는 거야.

❷ 혼란에 빠진 궁이

기획 | 사물궁이 잡학지식
원작 | 아이들나라 **각색** | 조영선

1판 1쇄 인쇄 | 2024년 1월 4일
1판 1쇄 발행 | 2024년 1월 18일

펴낸이 | 김영곤
이사 | 은지영
논픽션1팀장 | 류지상 **기획편집** | 권유정 **디자인** | 박숙희
아동마케팅영업본부장 | 변유경
아동마케팅1팀 | 김영남 정성은 손용우 최윤아 송혜수 **아동마케팅2팀** | 황혜선 이규림 이해림 이주은
아동영업팀 | 강경남 오은희 김규희 양슬기 **e-커머스팀** | 장철용 전연우 황성진
제작 | 이영민 권경민

펴낸곳 | ㈜북이십일 아울북
출판등록 | 2000년 5월 6일 제406-2003-061호
주소 | (10881) 경기도 파주시 회동길 201 (문발동)
전화 | 031-955-2417(기획개발) 031-955-2100(마케팅·영업·독자문의)
브랜드 사업 문의 | license21@book21.co.kr
팩스 | 031-955-2177 **홈페이지** | www.book21.com

© 아이들나라, 사물궁이 잡학지식, 2024
이 책을 무단 복사·복제·전재하는 것은 저작권법에 저촉됩니다.

ISBN | 979-11-7117-341-9 (74400)
ISBN | 979-11-7117-163-7 (세트)

* 잘못 만들어진 책은 구입하신 서점에서 교환해 드립니다.
* 가격은 책 뒤표지에 있습니다.

주의 1. 책 모서리가 날카로워 다칠 수 있으니 사람을 향해 던지거나 떨어뜨리지 마십시오.
　　　2. 보관 시 직사광선이나 습기 찬 곳을 피해 주십시오.

・제조사명: ㈜북이십일
・주소 및 전화번호: 경기도 파주시 회동길 201(문발동) / 031-955-2100
・제조년월: 2024.1.18.
・제조국명: 대한민국
・사용연령: 5세 이상 어린이 제품

・일러두기 맞춤법과 띄어쓰기는 《표준국어대사전》을 기준으로 삼았고, 외국의
　　　　　인명, 지명 등은 국립국어원의 '외래어 표기법'을 따랐습니다.